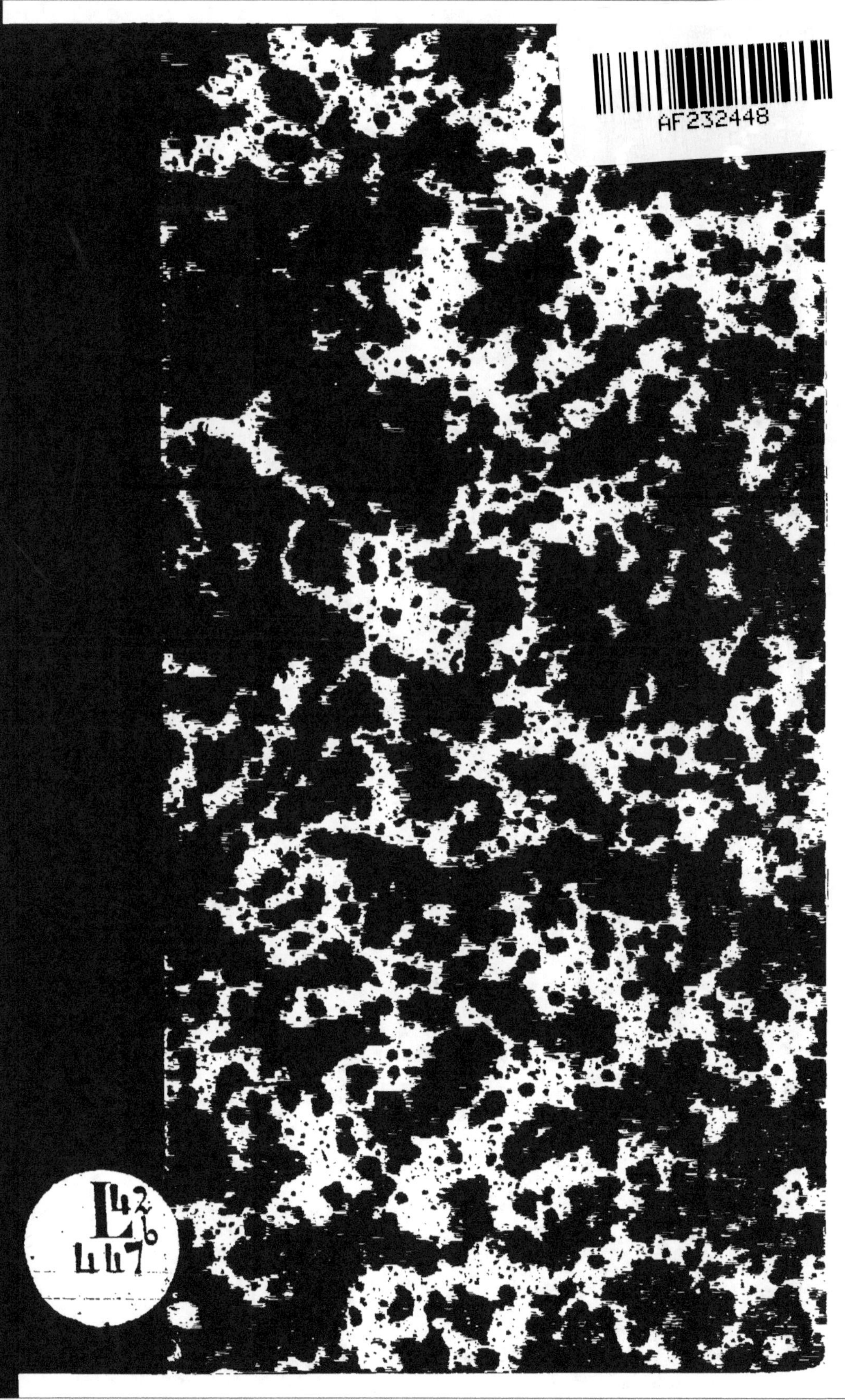

S U R

LA MOBILISATION

DES DEUX TIERS

DE LA DETTE PUBLIQUE,

D'APRÈS *le projet de la Commission des Finances, qui propose de convertir le capital de ces deux tiers en bons au porteur, admissibles uniquement en paiement de Domaines Nationaux ;*

PAR SAINT-AUBIN, *Professeur de Législation.*

A PARIS,

De l'imprimerie de LEPAGE, rue de Seine, N°. 901 , faubourg Saint-Germain.

An V.

SUR

LA MOBILISATION

DES DEUX TIERS

DE LA DETTE PUBLIQUE;

D'APRÈS le projet de la Commission des Finances qui propose de convertir le capital de ces deux tiers en bons au porteur admissibles uniquement en paiement de Domaines Nationaux.

DANS mes nombreux écrits sur les Finances, j'ai constamment eu pour principe, lorsqu'il s'agissoit d'une mesure que je regardois comme désastreuse, de publier franchement ce que j'en pensois, avant qu'on l'eut adoptée ; dès qu'elle l'avoit été, et qu'il ne s'agissoit plus que de la faire exécuter, j'ai fait tous mes efforts pour en assurer le succès. C'est ainsi que dans le tems, après m'être opposé, autant que j'ai pu, à l'emprunt forcé et aux mandats, j'ai indiqué dans deux écrits particuliers, les moyens pour tirer le meilleur parti possible de ces mesures qu'on avoit adoptées contre mon avis. Je crois que c'est le véritable moyen d'éclairer l'opinion publique, sans entraver la marche du gouvernement. J'en agirai de même pour le projet que je vais combattre, intimement convaincu que c'est rendre, non-seulement à l'universalité des citoyens,

mais au gouvernement en particulier , un véritable service , que de la faire rejetter.

Ce projet est et ne peut être fondé que sur la persuasion que la Nation est insolvable pour une grande
partie de ce qu'elle doit.

La première question qui se présente est donc celle-
ci : Peut-on payer ? Si on le peut, comme je le sou-
tiens , le projet n'est pas même présentable. Si on ne
le peut pas , il reste encore à savoir , si c'est dans le
moment actuel qu'il faut prendre le parti affligeant
d'une réduction définitive.

Avant tout examinons les principaux motifs allégués
en faveur de cette mesure ; les voici tous , et j'ose le
dire , présentés dans toute leur force.

PREMIER MOTIF.

*Le meilleur moyen pour forcer l'ennemi à la paix , est
de se présenter à lui dans une attitude imposante du
côté des ressources pour faire la guerre. Or , le parti
proposé débarrasse la Nation des deux tiers de sa dette ;
elle combattra donc l'Angleterre avec le même avantage
qu'auroit un Basque agile et légèrement vétu , sur un
homme chargé d'un fardeau qui l'accable.*

Si l'on pouvoit plaisanter sur un objet si grave, on ré-
pondroit que la meilleure manière de s'alléger , seroit de
ne rien payer du tout ; quand on met les deux tiers de
ses dettes au croc , on peut bien y ajouter le troisième.

Mais ce qui , à cet égard , décidera l'Angleterre à
faire la paix , n'est pas ce que nous aurons à payer
quand elle sera faite ; c'est ce que nous aurons à payer
pendant que la guerre durera. Or , le projet de la Commission étant de payer pendant cette même durée aux
rentiers un tiers de ce qui leur est dû , et ce tiers étant
plus qu'on ne leur a payé jusqu'ici , et plus qu'ils ne

s'attendent à recevoir, pendant que la guerre durera ;
le projet, loin de remplir le but proposé, le contra-
rie. Car au lieu de 30 millions qu'on a payés au plus
pendant l'an V, il faudra, d'après le projet, en payer
100, ce qui force de chercher un surplus de 70.

L'erreur vient ici, de ce qu'on oublie que notre situation et celle de l'Angleterre, sont sous ce rapport
essentiellement différentes. Nos rentiers ont jeûné si
long tems que pourvu qu'on n'attaque pas leur capital,
ils seront très-contens si pendant la durée de la guerre,
on leur paie exactement la quote part de leurs rentes
que les circonstances permettent de leur donner. En
Angleterre, la suspension seule de ce paiement entraîneroit la banqueroute et la culbute du gouvernement. Le fardeau de la dette publique peut donc
fort bien forcer les Anglais à faire la paix, parce que
c'est un paquet qu'ils ne peuvent ni alléger ni déposer
pour un moment ; chez nous, la dette seroit double
de ce qu'elle est, que cela ne nous empêcheroit pas
de faire une campagne de plus, parce que l'expérience prouve que nous pouvons mettre les trois quarts
de notre havresac sur une borne, en attendant la fin
de notre carrier. Aussi suis je persuadé, que dans le
budget les anglais examineront bien plus les 340 millions accordés au département de la guerre, que n'im-
porte ce qu'on promettroit aux rentiers.

DEUXIÈME MOTIF.

Le poids des impôts sera allégé d'un tiers en tems ordi-
naire.

ON peut d'abord répondre qu'en thèse générale, la
diminution des impôts ne soulage les contribuables que
toutes autres choses égales. Si cette diminution entraîne
la ruine de millions d'individus, et l'anéantissement
de tout crédit public, auquel le crédit particulier est in-
timément lié ; si sur tout par l'annihilation subite
d'une foule de fortunes et de capitaux circulans, elle

opère une stagnation funeste dans le commerce et l'industrie, enfin si elle sappe par les fondemens, l'amour et l'estime des Citoyens pour le gouvernement qui, dans une république, ne peut se soutenir que par leur appui, alors les contribuables, quoique payant moitié moins d'impôts, sont trois fois plus misérab'es, parce qu'ils ont proportionnellement beaucoup moins de quoi les payer.

En second lieu, il n'est aucunement dit qu'en rejettant le parti proposé, il faille renoncer au remboursement de la dette publique. J'indiquerai dans un travail séparé les moyens d'en opérer l'extinction, 1°. par la vente sagement combinée des biens nationaux, 2°. par une caisse d'amortissement, d'après le plan détaillé que je donnerai également. Seulement l'amortissement de la dette, au lieu d'être violent, subit et forcé, sera doux, lent et volontaire.

Enfin, c'est une question qui n'est rien moins que décidée, si l'intérêt public n'exige pas dans un grand État une dette publique, mais modérée et peu onéreuse, moins pour procurer un emploi aux capitaux surabondans en quelques mains, et qui autrement iroient à l'étranger, que pour avoir toujours une classe de Citoyens attachés à la stabilité du gouvernement par un intérêt particulier. On doit se rappeller ici ce que Pitt répondit un jour en plein parlement à un orateur qui vouloit engager les créanciers de l'État à offrir d'eux-mêmes et comme un sacrifice volontaire, une réduction de leurs créances. ,, Je serois fort fâché, ,, dit-il, que les créanciers de l'État adoptassent cet ,, avis : qu'ils sachent que ce n'est pas pour eux, mais ,, pour son propre intérêt, que l'État est si exact à ,, acquitter leurs arrérages ,,.

Cette question sur les avantages et les inconvéniens d'une dette nationale dans une république, fait partie de celle proposée par l'Institut national. J'y avois travaillé l'année dernière ; la difficulté de trouver une solution satisfaisante, m'y fit alors renoncer ; je desire que d'autres soient plus heureux. Mais jusqu'ici, rien n'est moins décidé que cet objet.

TROISIÈME MOTIF.

Les rentiers aimeront mieux avoir un tiers exactement payé, que le tout promis sans qu'on ne leur donne rien.

C'est incontestable ; mais la question n'est pas de savoir si les rentiers aimeront mieux un tiers payé ou trois tiers promis ; mais s'ils aimeront mieux un tiers *promis* que trois tiers promis, ce qui est très-différent.

Si un particulier avant de connoître, je ne dis pas son passif, mais son actif (car, c'est-là le cas où nous nous trouvons), disoit à ses débiteurs, je ne veux pas vous promettre ce que je crois ne pouvoir tenir ; mais si vous voulez accepter une promesse de vous payer 33 pour cent dans un an, je vais vous en faire mon billet. Que diroient les créanciers ? Donnez-nous 25, et qu'il n'en soit plus question. Cependant ce particulier est sujet à une assignation, aux exploits d'huissiers et à la contrainte ; tandis qu'un Gouvernement ne peut être assigné qu'à l'opinion publique, ni contraint qu'à coups de canon.

Le cours actuel des Rentes qui sont à 2 sous pour livre, démontreroit assez la solidité de ce raisonnement, s'il ne portoit pas sa démonstration avec lui.

QUATRIÈME MOTIF.

On se déferoit avantageusement et sur-le-champ des biens d'émigrés.

Ce but sera infiniment mieux atteint, en mettant ces biens de préférence dans le lot dû aux défenseurs de la patrie, et sur lequel on leur assignera des pensions. Ce parti a déja été conseillé par *l'Ami des Lois* pour les presbytères : ils sauront bien les défendre. Nous verrons bientôt d'ailleurs, qu'en adoptant le parti proposé, les biens en question n'en seroient pas beaucoup mieux vendus, parce que la majeure partie, j'oserai dire, les quatre cinquièmes de la valeur totale des biens nationaux qui restent à vendre, consistent dans les biens de la Belgique, qui ne renferment pas un arpent de biens d'émigrés.

CINQUIÈME MOTIF.

Ce parti est simple, n'exige aucun calcul compliqué, et débarasse le gouvernement de toute combinaison future pour le paiement des créanciers de l'État.

Un parti bien plus simple encore seroit de ne donner rien du tout ; et nous verrons par la suite que pour beaucoup de Rentiers, la mesure proposée en reviendroit à peu près là. puisqu'ils ne retireroient pas le dixième de leur capital. Ce n'est point la simplicité, la facilité de l'opération qu'il faut envisager, ce sont ses avantages et ses inconvéniens.

SIXIÈME MOTIF.

L'Opération est faisable, tant que nous sommes encore dans un état de crise, et qu'il reste des biens nationaux ; elle seroit impraticable après.

Ce sont précisément ces circonstances qui doivent empêcher qu'on n'adopte ce parti Le Directoire aussi bien que le Corps législatif ne viennent ils pas de déclarer à la nation entière qu'un des principaux moyens employés par les ennemis de la république, pour opérer la contre-révolution, étoit d'ôter toutes les ressources au gouvernement, et d'indisposer contre lui tous les fonctionnaires publics et créanciers de l'État ? le Corps Législatif, dans une proclamation solemnelle, adressée aux français, ne dit-il pas en termes exprés :

que parmi les moyens employés par les conspirateurs se trouvoit la misère du Rentier ; et plus bas, dans la même proclamation : *En floréal, le Crédit National prenoit de la consistance, le Rentier alloit être payé ; mais tout-à-coup* (par les manœuvres perfides des ennemis de République), *la misère, la pénurie reviennent fondre sur la France ; le Rentier se désespère, les inscriptions, de 40 livres descendent à 10 livres.*

Et c'est au moment que l'on publie ces assurances solemnelles du Directoire et du Corps Législatif, au moment que le Gouvernement a le plus besoin de se consolider par l'amour et le respect des gouvernés, qu'en dépit de ces assurances, on voudroit prendre le parti d'une banqueroute déguisée, qui ruineroit les créanciers de l'État ?

Après avoir discuté les motifs en faveur du projet, voyons ceux contre.

Le premier de tous, sans contredit, est qu'il y a de quoi payer.

Pour démontrer cette vérité consolante, qu'on ne conteste que parce qu'on exagère notre passif et qu'on n'a aucune idée nette de nos ressources, voici d'abord le tableau de la dette publique, non d'après des données incertaines, d'après des apperçus vagues, mais d'après des relevés détaillés et exacts pris à la source, sur les livres de la Trésorerie et du Liquidateur de la Dette Publique ; relevés qui devoient servir de bases à un rapport général, qui devoit être fait au Conseil des Anciens sur notre situation financière. Ce travail est d'autant moins suspect, que l'auteur est lui-même partisan de la mobilisation projetée, et que son principal motif est la prétendue impossibilité de solder le tout.

Les Rentes perpétuelles liquidées, inscrites et à inscrire, y compris celles délivrées aux fournisseurs, ou provenantes de l'emprunt en assignats, forment 133 millions. Là dessus, il n'y en a que 103 de délivrées ; le reste n'a pas été réclamé, étant composé de Rentes appartenantes à des émigrés et à des établissemens publics, ainsi que des inscriptions au-dessous de 50 francs remboursables en assignats , et pour lesquelles on ne s'est pas présenté. J'admettrai contre toute probabilité qu'il n'y en ait que 13 millions qui portent à faux , il restera à payer , ...   120 millions.

Le capital de la dette des émigrés n'est exactement connu que pour le département de la Seine , dans lequel étaient domiciliés presque tous les grands propriétaires de la République. Le relevé cité porte la totalité à 740 millions ; j'irai plus loin , et j'admettrai encore , contre toute probabilité , qu'elle aille , comme quelques-uns le prétendent , à un milliard , cela fera , ...   50

Le capital des dettes de la Belgique a été porté à 400 millions par les députés Belges , intéressés à l'exagérer , afin de suspendre la vente des biens nationaux de ce pays ; cela feroit 20 millions de rentes ; mais , comme la majeure partie de ce capital a été emprunté à 3 et 4 pour 100 , et que la nation ne doit que la Rente , c'est caver bien haut que de porter cette dernière à   15

Les Rentes viagères forment 81 millions. sur quoi il y en a 47 de liquidées , mais non inscrites , dont il faut déduire une grande partie qu'on ne réclamera pas comme appartenantes à des morts et à des émigrés. C'est exagérer que de porter ce qui restera dans un an à , ...   60

Nota. Pour se convaincre de la prompte extinction de ce dernier article , il suffit d'observer que la cadette

Total. 245

Ci-contre. . . . . . . 245 millions.

de toutes les Rentes viagères a au moins quatorze ans , puisqu'elle date du premier ministère de M. Necker. J'aurois pu , avec la Commission , réduire ce viager en perpétuel , ce qui auroit réduit de moitié les arrérages annuels ; mais outre que cette réduction forcée viole le contrat primitif, je crois qu'elle seroit onéreuse à la nation.

Reste la dette exigible , composée de l'arriéré pour les fournitures et le service depuis l'an II jusqu'à ce jour , de restitutions à faire et d'autres créances sur la république. Rien n'est moins connu que cet objet que des calculateurs modérés portent à 400 millions, et que les plus exagérés ne portent pas à un milliard ; je le porterai à 800 millions. En supposant qu'on inscrive la totalité , cela fera , ... 40

Total des arrérages annuels dans les suppositions les moins favorables , . 285

Et quand le viager sera éteint , . . 225

Le milliard dû aux défenseurs de la patrie n'est pas porté ici , parce qu'il doit être composé de biens nationaux , dont le revenu ou le produit de la vente , placé à intérêt , doit payer les pensions que la loi leur accorde. Les bons de trois quarts doivent également être absorbés par la vente des biens nationaux , et ils le seront bientôt , si comme cela paroît décidé , on n'en délivre plus.

Ce tableau peut être taxé d'exagération , mais je défie qui que ce soit de critiquer un seul article comme évalué trop bas , ou d'en citer un autre d'omis.

J'indiquerai tout-à-l'heure les moyens d'amortir en cinq ans la majeure partie de cette dette. Mais quand la nation voudroit payer les arrérages ci-dessus en tems de paix, elle le pourroit.

Pour le prouver en deux mots, il suffit d'ouvrir le livre de l'administration de M. Necker, dont l'exactitude à cet égard ne peut être suspecte.

Nous y verrons que, sous l'ancien régime, la nation payoit exactement et en écus.

En rentes perpétuelles, ...	125 millions 600 mille liv.	
En rentes viagères, la majeure partie placées sur de jeunes têtes, . . .	81	400
En remboursement annuel de dettes exigibles,	27	500
Total, ...	234 millions 500 mille liv.	

J'y trouve également que la nation payoit annuellement en impôts de toute espèce l'énorme somme de 386 millions ; plus environ 100 millions pour la dîme qui déplaçoit les pailles ; plus les droits féodaux ; plus ce que mangeoient les lièvres et les lapins des privilégiés, dont les uns ne payoient que moitié de leur quote part, et les autres rien ; plus ce que mangeoient l'écriture à la grosse et l'armée de la bazoche ; plus l'impôt indirect sur l'industrie, gênée par les mille et une barrières à l'entrée des villes, et par des bureaux de douanes à l'entrée de chaque province ; plus les autres *plus* que, graces à la révolution, nous n'avons plus.

La France payoit tout cela, et cependant elle avoit de moins la Belgique, la Savoie, le comté de Nice, le pays d'Avignon, etc.

Il est vrai qu'elle avoit ses colonies, plus d'industrie et le commerce, (car pour l'agriculture, elle est plus florissante aujourd'hui qu'elle n'a jamais été) mais nous aurons tout cela à la paix. Pendant la guerre, et même quelque tems après, je suis parfaitement d'accord avec le projet de la Commission de ne payer que le tiers. La Commission porte ce tiers à 100 millions : j'ose dire que les Rentiers seront fort contens si en attendant on leur en paie exactement 80. — Nous serons de plus dans un état progressif, au lieu qu'alors nous étions évidemment dans un état stationnaire et même rétrograde.

Je vois dans le même livre, que les dépenses générales de l'État (qui en tout alloient à 610 millions) s'élevoient, abstraction faite de la dette publique, des pensions, et j'oserois ajouter, du livre rouge, à 348 millions, tandis que, d'après le budget présenté par la Commission, ces mêmes dépenses, abstraction faite également de la Dette Publique et des pensions, ne s'élèvent chez nous qu'à 235 millions 600 mille livres : différence 113 millions. Il est vrai que les pensions qui, sous M. Necker, n'alloient qu'à 28 millions, vont chez nous à 71, ce qui réduiroit la balance de 113 millions, à 70. Mais, parmi ces 71 millions, il y en a 50 de pensions ecclésiastiques accordées généralement à des gens infirmes et âgés, et dont l'amortissement ne peut être que très-rapide.

Les partisans de la mobilisation projetée prétendent que la nation, en tems de paix, ne peut payer que 450 millions d'impôts, précisément 450 pas un écu de plus ni de moins. C'est là une véritable prophétie, qui suppose le don d'un devin ; car, pour en juger avec connoissance de cause, il faudroit avoir vu la République après la jouissance de quelques années de paix. En attendant, ce que la France payoit, avant qu'on y eût réuni la Belgique, dont les terres passent pour les meilleures et les mieux cultivées de l'Europe, ce que l'Angleterre paie avec une population et un territoire moindre de près de deux tiers, permettent d'avancer le contraire.

Mais, en admettant la réalité de cette supposition, alors en déduisant de ces 450 millions, 235 pour les dépenses ordinaires de l'état, telles que les porte le budget de la Commission, il en resteroit encore 215, c'est-à-dire, à dix millions près, ce qu'il faudroit pour payer les arrérages entiers dûs aux créanciers de l'état, quand le viager sera éteint, et abstraction faite de tout amortissement, autre que celui qu'amène la mortalité ordinaire dans les Pensions et Rentes viagères. Je serois curieux de voir ce que ceux qui ont présenté le budget, sur lequel ce raisonnement est fondé, pourroient répondre.

Au reste, je répéterai ici ce que j'ai dit tant de fois que, *toutes autres choses égales*, la quantité d'impôts qu'une nation peut payer, et l'onéreux de ces impôts pour elle, dépendent principalement du tems, que l'argent porté au fisc met pour rentrer dans les poches des contribuables qui l'ont fourni. Le vice radical et inséparable de tout impôt, est de détourner l'argent de sa route ordinaire, pour le faire entrer dans les coffres du fisc. Plus il rentre vîte dans cette même route, moins l'impôt est nuisible. Rien n'est donc plus vague, et n'a moins de sens que d'avancer que les contribuables d'un pays quelconque ne peuvent payer que telle ou telle portion de leur revenu. Cette proportion dépend en grande partie de la route que prend le produit de l'impôt en allant au trésor public et en sortant.

La nation pourroit donc très bien, sans être écrasée d'impôts, conserver sa dette, et en payer les arrérages ; mais, comme il est inutile de garder de gaîté de cœur un fardeau qu'on peut alléger, je vais faire voir qu'il est aisé de l'amortir.

Je suppose qu'on ne souffrira plus en France de biens de main-morte, et, qu'en conséquence, on regardera comme biens nationaux et susceptibles d'être vendus, non-seulement les presbytères et les biens des collèges, mais encore ceux des hôpitaux, à mesure que le gouvernement pourra pourvoir à leurs dépenses. En réunissant à ces biens ceux des émigrés, et sur-tout les biens de l'ordre de Malthe, ceux des Bourbons, etc. Je crois qu'on aura bien au delà de ce qu'il faudra pour assurer aux défenseurs de la patrie les pensions qui leur sont dues, conformément à la loi.

Quant à la **Dette Publique** , il nous reste la presque totalité des biens nationaux de la Belgique.

Si les députés de ce pays , lorsqu'ils proposoient de suspendre la vente des biens nationaux , sous prétexte qu'il ne resteroit pas de quoi payer les dettes hypothéquées , ont porté la valeur de ces biens à 600 millions , non compris ceux du clergé séculier , on peut hardiment , en comprenant ces derniers qui , sans doute , ne resteront pas seuls privilégiés , les porter à 1500. Je ne les porterai qu'à 1200 sur le pied du denier vingt.

Si jusqu'ici ces biens ont été vendus bien au-dessous de ce taux , c'est que , 1°. la stabilité de notre gouvernement et la paix avec l'Empereur qui nous assurent la possession tranquille de la Belgique , n'étoient rien moins qu'assurées aux yeux des étrangers , et sur-tout des Belges eux-mêmes ;

2°. L'avidité des administrations départementales à jouir de la gratification qui leur étoit accordée sur le produit de la vente , les a engagées , malgré les défenses expresses et réitérées du ministre , à faire plusieurs ventes par décade , et à faire vendre à chaque enchère dix et vingt articles à-la-fois ;

3°. Le défaut de numéraire et de capitaux , joint à la mise en vente de tant de biens nationaux à-la-fois , n'a pu qu'en avilir excessivement le prix.

En vendant peu-à-peu , à mesure que la confiance et le crédit renaîtront , et que les Étrangers apporteront leurs capitaux , on peut hardiment avancer qu'on en retirera au denier vingt , pour prix moyen , au moins 1200 millions.

Si l'on vend le tout à l'enchère , un dixième payable en numéraire et neuf dixièmes en inscriptions , l'enchère sera proportionnée au cours vénal de ces dernières. Or , en admettant que , pendant les premières années , ce cours moyen monte au tiers , c'est-à-dire à 33 livres , ce qui est beaucoup , et que les biens ne se vendent à l'enchère moyenne qu'au denier quinze , les 1200 millions , réduits par-là à 900 feroient rentrer

deux milliards 430 millions d'inscriptions , et donne-
roient de plus 90 millions espèces au trésor public. En
effet, le dixième de 900 millions est de 90 , restent 810
millions payables en inscriptions qui , étant au tiers de
leur valeur nominale , monteront à l'enchère à deux
milliards 430 millions.

Si l'on suppose , ce qui n'est pas très-probable ,
mais ce qui est possible , que le cours moyen des inscriptions , pendant les premières années , soit de 50
pour 100 , ce qui porteroit le plus haut cours à environ
75 , alors les 2 milliards 430 millions d'inscriptions ra-
chetées par cette vente se réduiroient à 1620.

Mais , comme cette hausse des fonds publics ne
pourroit avoir lieu , sans que la valeur vénale des terres augmentât en proportion , les biens nationaux, au
lieu d'être vendus pour 900 millions valeur réelle au
denier quinze , le seroient pour 1200 au denier vingt ;
ce qui non-seulement éteindroit un capital de deux
milliards 160 millions d'inscriptions , mais rapporte-
roit au gouvernement 120 millions espèces au lieu de
90. En effet, le dixième de 1200 millions est de 120
payables en numéraire , qui , ôtés de 1200 , laissent
1080 millions , qui , payés avec les inscriptions au
cours moyen de 50 pour 100 , feront encore monter
l'enchère pour cette partie à 2160 millions.

Les 225 millions de rentes perpétuelles , à quoi se
monte la Dette Publique avec toutes les exagérations
possibles , calculées au denier vingt , forment un capital de 4 milliards et demi. En admettant que cette
vente ne fasse rentrer que 2 milliards d'inscriptions ,
voilà près de la moitié du capital éteint, sans secousse,
sans banqueroute , et en 4 ou 5 années de tems.

Et qu'on ne craigne pas que les propriétaires d'inscriptions ne veuillent pas les réaliser ou vendre. Ils ont
reçu tant d'alertes ; qu'à un prix tant soit peu raison-
nable , la plupart préféreront une terre à une Rente sur
l'État. La caisse d'amortissement et une réconstitution
volontaire , déblaieront le reste.

D'ailleurs , l'évaluation d'une rentrée de 2 milliards

seulement, est d'autant plus basse, que les propriétaires des créances sur les émigrés et les fournisseurs,
porteurs d'inscriptions pour l'arriéré, que nous avons
supposés en avoir entre eux pour 90 millions de
Rentes, ou pour un milliard 800 millions de capital,
chercheront à les réaliser à tout prix.

Quant à la caisse d'amortissement qui, à elle seule,
suffiroit pour éteindre graduellement la dette, je ne
puis que renvoyer le lecteur aux tables que j'ai dressées
pour cet objet, et à l'exposé qui les accompagne.

La reconstitution *volontaire* à un intérêt plus bas,
pourra avoir lieu plutôt qu'on ne pense. Quelques années de paix suffisent pour réduire l'intérêt dans un
pays qui se trouve dans un état de prospérité progressif, et où les capitaux étrangers affluent. L'introduc-
tion du nouveau systême hypothécaire, et sur-tout des
cédules, peut amener cette révolution en moins de
deux années de tems.

On a proposé de faire racheter par les propriétaires
fonciers une partie de l'impôt direct avec des inscriptions, dont le fardeau retombe principalement sur
eux. Je n'en parle pas. parce que je ne crois point que
le Corps Législatif ait le droit d'aliéner pour un tems
quelconque, et à plus forte raison à perpétuité une
partie de la contribution foncière.

Enfin, j'insiste toujours avec Montesquiou sur la
vente des forêts nationales, que la nation ne conser-
vera qu'autant qu'elle les aliénera à des particuliers;
bien entendu qu'il y aura toujours une administration
forestière, chargée de veiller à l'exécution des condi-
tions d'emmenagemens prescrites aux acquéreurs, auprès desquels la nation pourroit d'ailleurs se réserver les
bois nécessaires pour la marine. Cette opération seule,
tout en faisant entrer une masse considérable de capitaux de l'étranger, éteindroit une moitié de la Dette
Publique.

Il est donc évident que la nation peut payer les arrérages annuels de sa dette, si elle veut la conserver; et
qu'elle peut également l'éteindre, s'il elle le juge con-

venable. Je demande d'après cela , si l'on peut proposer la réduction des arrérages , à un tiers, avec un remboursement des deux autres tiers que je démontrerai tout-à-l'heure être désastreux par ses effets , et ne pas valoir un sol pour livre ? Le peut-on , sur-tout, dans un gouvernement républicain , qui doit être fondé sur la loyauté et la franchise , dont toutes les mesures doivent partir de conceptions grandes , nobles et généreuses ?

Mais , quand la nation ne pourroit payer la totalité des arrérages , ni amortir la dette , (ce qui est de la plus grande fausseté) encore ne seroit-ce pas le moment favorable de prendre un parti aussi tranchant et définitif.

D'abord , la nation ne peut raisonnablement prendre ce parti , que lorsqu'elle connoîtra , au moins par approximation , ses moyens et ses ressources ; or , j'ai déja fait voir qu'elle ne pouvoit avoir cette connoissance qu'après quelques années de paix.

Quant aux circonstances particulières où nous nous trouvons , j'ai déja fait voir plus haut dans l'examen du sixième motif , en faveur du projet, combien elles étoient peu favorables à la réduction proposée. J'ajouterai la réflexion suivante que je crois majeure.

Le gouvernement , que sa fermeté vient de consolider , ne peut atteindre son but , qui est le bonheur des gouvernés , qu'autant qu'il se conciliera leur affection en se rendant populaire , en mettant de son côté l'opinion publique. Or , il en est de cette opinion, ou de la popularité , comme du progrès des lumieres ; l'une et l'autre partent et s'étendent du centre à la circonférence , et non pas de la circonférence au centre. Ce ne sera pas l'opinion du département du Morbihan qui réglera celle de Paris , mais ce sera l'opinion de Paris , qui entraînera celle des quatre-vingt dix sept départemens restans. C'est une verité que le bon sens indique , et que l'expérience a prouvée d'une manière incontestable.

Mais , Paris est le siège des rentiers et le centre des
capitaux ;

capitaux , dont les inscriptions forment une partie majeure. Toute opération qui ruine les premiers , qui réduit ou annihile les autres , ne peut que dépopulariser
le gouvernement qui l'adopte. Qu'au contraire , il
cherche à relever l'espoir des uns et le crédit des autres,
et bientôt toute la France le bénira. Je dis l'*espoir ;* il
fait , même lorsqu'il est chimérique . le principal élé-
ment du bonheur des hommes ; c'est sous ce point de
vue sur-tout que l'égalité des droits , qui n'ôte à aucun
citoyen l'espoir de parvenir , est aussi indispensable
pour rendre les hommes heureux , que l'égalité absolue
des fortunes , si elle pouvoit être réalisée , les rendroit
misérables en les privant de l'espérance d'améliorer
leur sort . base de toute émulation et industrie. Tout
homme bâtit plus ou moins des châteaux en Espagne ;
il n'y a de réellement malheureux que ceux à qui il ne
reste plus de matériaux pour en construire.

Jamais on n'a plus eu besoin et de numéraire et de
crédit qui le remplace ; crédit qui lui-même est fondé
en grande partie sur les capitaux circulans ou non circulans , qui constituent la richesse mobiliaire , et dont
les inscriptions, comme je l'ai déja dit , font la majeure partie. Lors de la dernière hausse momentanée
des inscriptions , les Étrangers avoient fait passer des
sommes considérables en espèces pour prêter sur ces effets , ils en avoient acheté eux-mêmes , ils accordoient
à nos négocians un crédit étendu , qui valoit du numéraire , toutes causes qui , réunies , avoient élevé le
change en notre faveur d'une manière sensible. La
chûte des inscriptions qui eût lieu bientôt après , enga-
gea les étrangers , non-seulement à retirer ces mêmes
capitaux , mais à nous refuser toute espèce de crédit.

On croit communément que pour obtenir ce crédit,
il faut que le propriétaire d'inscriptions les dépose, ou
les ait dans son porte-feuille. C'est une erreur : lorsque
le cours de ces effets s'élève , lorsqu'ils sont en faveur,
tout négociant porteur d'inscriptions trouve du crédit,
par cela seul qu'il est propriétaire de rentes sur le
grand livre ; il peut alors hardiment se livrer à une en-

B

treprise mercantile ou industrielle utile à l'État, parce qu'il se sent appuyé par une propriété mobiliaire d'une valeur réelle, et aisément réalisable. Si les inscriptions tombent, non-seulement il ne trouve plus de crédit, mais il n'en ose plus demander, parce qu'il se décourage.

Sur les 103 millions de rentes délivrées et transférables, (je ne compte pas celles qui sont encore à liquider et à inscrire, quoiqu'à la rigueur, elles doivent être également considérées comme la propriété mobiliaire des créanciers de l'État, à qui elles seront délivrées un jour) sur ces 103 millions, dis je, il n'y en a pas vingt qui circulent réellement, et qui soient sortis de la main des premiers propriétaires. Cependant, la valeur vénale de ces 20 millions détermine la valeur réelle du capital de toutes les autres. Si les premières sont à cinq livres, comme je les ai vues, le rentier qui a dix mille livres de rentes sur le grand livre, faisant un capital de 200 mille livres valeur nominale, ne pourra en réalité disposer que de 10 mille livres ; si les inscriptions montoient à 30 livres, comme elles étoient naguères, il auroit un capital disponible de 60 mille francs. Ces deux situations souffrent-elles la moindre comparaison ? J'insiste tant sur cet objet, parce que beaucoup de gens ne voient, dans la hausse ou baisse de de ces effets, que la fortune ou la ruine de ceux qui en ont acheté ou vendu, tandis que de leur valeur vénale dépendent la richesse et le crédit de milliers d'individus, qui n'en ont jamais vendu ni acheté pour une obole. De cette valeur dépend même une partie considérable de la richesse nationale. En effet, comme 103 millions de rentes représentent un capital nominal de 2 milliards 60 millions, il se trouve dans l'état un nombre quelconque de contribuables qui, lorsque les inscriptions sont à 30 francs, réunissent entre eux pour 618 millions espèces de capitaux disponibles et réalisables ; si les inscriptions tombent à 10 livres, toute cette richesse se réduira à 206 millions, et toute mesure qui aura opéré cette baisse, aura produit sur la richesse des citoyens le même effet que si , de gaîté de cœur , on en avoit jeté 412 millions par les fenêtres.

Sous ce point de vue , l'Angleterre aimeroit mieux nous voir une dette moitié moindre avec nos inscriptions discréditées , qu'une dette triple , et les effets du grand livre approchant du pair.

Mais , dira-t-on , vous mettez en fait ce qui est en question. Les partisans de la réduction au tiers prétendent que , loin de faire baisser les inscriptions , cette opération doit les relever , par la raison que les rentiers aimeront mieux un tiers assuré et bien payé , que le tout promis et mal payé.

En examinant plus haut ce motif en faveur de l'opération , j'ai déja réfuté cette assertion , et par le raisonnement et en citant l'expérience. Si on avoit généralement confiance dans le payement futur et exact du tiers promis , comment les rentes resteroient-elles audessous de douze livres , d'autant plus qu'on peut encore les placer en acquisition de maisons nationales et de biens nationaux en général , conformément à la loi du 16 brumaire ? Le manque de confiance, vient de ce qu'en fait d'opérations de ce genre, il n'y a que le premier pas qui coûte. Le crédit est à cet égard comme une fille ; elle peut être vierge ou ne l'être pas ; mais il n'y a qu'un sot qui , avant de l'épouser , s'informe si elle l'est un peu plus ou un peu moins. Dès qu'on aura une fois opéré une réduction forcée , il n'y a aucune raison pour que quelques années après on n'en fasse une seconde. Il se trouvera un impôt vexatoire , gênant , désastreux ; les rentiers, dira-t-on , qui ont déja fait un sacrifice si considérable , se soumettront volontiers à une retenue légère de dix pour cent , qui les débarrassera d'ailleurs d'un impôt qui les gêne aussi bien que les autres citoyens. Voilà pourquoi Mirabeau ne voulut jamais consentir à une réduction quelconque lors de l'assemblée constituante , parce qu'il savoit que le sort des rentes dépend de la première opération de cette espèce. Il y a plus ; lorsqu'une fois on a mis de côté les grands principes d'une loyauté inflexible , ces réduc-

tions et manques de foi réitérés sont bien plus à craindre dans une république, où la loi est censée exprimer
la volonté générale, que dans un gouvernement mo-
narchique, où les opérations de cette espèce présentent
un seul individu comme banqueroutier à la nation
entière.

Il y a des citoyens, d'ailleurs estimables et instruits,
qui, tout en convenant que la réduction proposée déprécieroit les rentes et annihileroit les capitaux, n'y
voient au moins aucune injustice, parce qu'ils sont
persuadés que la majeure partie des inscriptions n'est
plus dans les mains des premiers propriétaires, et que
la plupart ont été acquises au-dessous de leur valeur
nominale. Pour les faire revenir de cette erreur funeste
aux rentiers, il suffit de leur citer les faits suivans,
aussi incontestables qu'ils sont aisés à vérifier à la trésorerie sur le grand livre.

1°. Sur 368 mille inscriptions tant perpétuelles que
viagères, inscrites au grand livre, il y en a, d'après un
relevé très-exact fait dans le temps par le C. Camus,
336 mille au-dessous de 600 francs.

2°. Toutes ces inscriptions au-dessous de 600 l. appar-
tenoient, sans exception aucune, aux anciens rentiers,
et leur appartiennent encore à tout au plus *deux millions près* de rentes, formant 40 millions de capital,
vendues depuis 1791 jusqu'à ce jour à différens cours,
partie en assignats, partie en numéraire.

3°. Sur les 103 millions de rentes perpétuelles inscrites et transférables, il n'y a que 12 millions d'inscriptions données pendant l'an 3, en payement de di-
verses créances urgentes, par le gouverenement, qui
vouloit par là arrêter momentanément la dépréciation
des assignats.

Ce sont ces 12 millions de rentes qui joints à 3
millions environ provenant de l'emprunt en assignats,
et aux 2 millions d'inscriptions d'anciennes rentes transférées, dont on vient de parler, composent la circulation entière des inscriptions sur la place, qui, comme

(21)

l'on voit , ne va en tout qu'à 17 millions de rentes , ou
340 millions de capital.

Ce sont ces mêmes 17 , ou tout au plus 18 millions ,
qui forment toutes les inscriptions délivrées ou acquises au-dessous de leur valeur nominale écus.

En comparant ces mêmes 18 millions d'inscriptions
à l'ensemble des arrérages annuels tant perpétuels que
viagers, qui va à 285 millions , on voit qu'elles en font
à peine un seizième , comme leur capital de 360 millions , comparé au capital entier de la dette publique ,
n'en fait pas la treizième partie. Ce résultat réel . bien
éloigné des calculs hypothétiques qui portent la valeur des transfers à plus de la moitié de la totalité des
inscriptions , tient à l'opinion enracinée des anciens
rentiers , qui regardent leurs créances si sacrées, qu'ils
n'ont jamais voulu s'en défaire à un prix inférieur de
plus des deux tiers à leur valeur nominale ; car il faut
remarquer que la hausse qui, dernièrement , avois
élevé les inscriptions a plus de 30 pour 100 , n a pas
duré trois fois 24 heures. Ce sout ces mêmes faits qui
ont empêché . et qui empêchent encore de songer à
aucune réduction partielle sur les nouvelles rentes ou
sur les tra sters; réduction qui , en la supposant même
praticable, ce qui n'est pas , seroit d'un très-petit rapport , taudis qu'elle anéantiroit la valeur vénale des
rentes en général, que le raisonnement démontre , et
que l'expérience a prouvé dépendre , en grande partie,
de l'inviolabilité des rentes transférées.

Je ne puis terminer cet article sans revenir encore
sur le prétendu soulagement du trésor public dans les
circonstances actuelles, qu'on allègue comme le principal motif de la réduction proposée.

Pour se convaincre combien ce motif est nul et ab-
surde , il faut d'abord bien se pénétrer de cette vérité,
que pour relever et soutenir le crédit des rentes , le
gouvernement, d'ici à quatre . et même cinq ans, n a
aucunement besoin de payer la totalité des rentes ; que
personne . pas même un seul rentier ne s'y attend ;
que tous seront très-contens , et que le crédit public

sera très-bien soutenu, si, pendant ces quatre ou cinq ans, on abandonne aux rentiers ce que les circonstances permettent de leur donner annuellement, avec la perspective d'une amélioration progressive de leur sort. On leur a donné jusqu'ici un quart en numéraire et trois quarts en bons, qui, au cours moyen de quinze francs, ne font guères plus d'un dixième, en sorte qu'en tenant compte du retard et des queues qu'il a fallu faire pour obtenir ce payement, on ne peut guères l'évaluer au-delà de trois dixièmes net. Il y auroit donc une amélioration marquée dans leur sort, si la première année on leur payoit exactement un tiers; la seconde trois huitièmes; la troisième une moitié; la quatrième année deux tiers, ou dans toute autre progression quelconque. Remarquez que le quart décrété en numéraire s'est réduit jusqu'ici, par le fait, à un huitième, vu qu'il y a toujours eu un semestre en arrière, et que cet arriéré augmente tous les jours; car l'on sait que dans tout le courant de l'an 5 on n'a pas payé aux rentiers 20 millions en espèces.

Supposons maintenant que cette année on paie un tiers : ce tiers, *en supposant liquidée la moitié des deux cinquièmes qui ne le sont pas*, et en n'admettant aucun amortissement ni non-valeurs, iroit à environ 70 millions pour le perpétuel et viager, évalué en totalité à 285. C'est moins que la commission n'alloue pour le paiement des arrérages dans son budget.

En adoptant le projet de la Commission, le soulagement réel du trésor public seroit donc nul pour la première année, et à plus forte raison pour les premiers six mois qui sont précisément l'époque des plus grands besoins. Et quand il y auroit une épargne de quelques millions, qui n'existe pas, je demande si cette considération pourroit conserver le moindre poids auprès de la ruine de tant de milliers de familles, la ruine totale du crédit public, l'anéantissement de tous les capitaux circulans, et autres inconvéniens sans nombre que cette mesure entraineroit.

Aux motifs qui doivent engager le gouvernement à

rejetter la réduction proposée , on peut encore ajouter les deux suivans.

Nous avons déja vu que sur la totalité des rentiers, il y en avoit 336 mille dont les inscriptions étoient au-dessous de 600 livres. Les seules rentes viagères déli-vrées , qui ne vont pas à 36 millions , appartiennent à plus de 62 mille individus différens. En supposant le terme moyen de ces inscriptions , 450 livres pour le perpétuel , et 300 livres pour le viager réduit en per-pétuel , la réduction au tiers n'offriroit aux premiers , pour toute perspective , qu'un revenu annuel de 50 écus , et aux derniers 100 francs seulement ; la presque totalité se trouveroit parlà , et sans moyens de vivre , et sans espoir d'en acquérir jamais d'avantage.

Mais les rentiers , et notamment les petits rentiers sont et ont été de tout tems les plus chauds partisans de la révolution , ils sont encore les plus fermes appuis du gouvernement républicain. Je demande si , abs-traction faite des motifs de justice , d'humanité et de reconnoissance, il ne seroit pas hautement impolitique de s'aliéner près de 400 mille individus , la plupart chefs ou pères de famille , domiciliés à Paris , et tenant à une infinité d'autres Citoyens qui ne sont pas ren-tiers ?

Un gouvernement despotique n'a pas besoin de l'opinion publique ; un gouvernement libre ne peut subsister sans elle ; l'expérience toute récente d'une opinion publique graduellement corrompue , en est une preuve sans replique.

Mais comment concilier cette opinion à un gouver-nement qui , dès le moment que son union avec le corps législatif lui permet de développer les plus grands moyens , débuteroit par une annihilation des deux tiers de la propriété d'une classe aussi nom-breuse , aussi souffrante et aussi respectable que celle des rentiers . et cela , après leur avoir donné 24 heures d'espoir , par les assurances contenues directement ou indirectement dans les proclamations qu'il vient de publier ?

Le gouvernement a besoin non-seulement de ressources provenantes d'impôts et de ventes, mais de crédit. On crie toujours qu'il n'en a pas ; je ne saurois donner une meilleure preuve du contraire, que dans le cours des 25 millions de bons, décrétés dernièrement sur les contributions directes de fructidor et vendémiaire, et qui avant même d'être émis, se sont négociés couramment à 12 pour cent de perte seulement contre espèces. Le gouvernement a donc du crédit, seulement il le paie un peu cher ; il ne manque que de l'obtenir à meilleur marché, ce que faciliteront les ressources proposées dans le budget, auxquelles on en peut joindre beaucoup d'autres,

Mais s'il débute par une réduction forcée de la dette publique, tout son crédit est anéanti. Il le sera d'autant plus que tout en renvoyant les rentiers aux biens nationaux, il restera encore à acquitter tout l'arriéré des fournitures, que je n'évalue ici qu'à 400 millions, mais que le public porte au double. Si on paie ces fournisseurs d'une manière plus avantageuse que les rentiers, l'injustice envers ces derniers ne deviendra que plus criante ; si on les renvoie également aux biens nationaux, ils partageront la banqueroute avec les rentiers, et alors tout fournisseur voudra être payé d'avance, et l'on ne trouvera aucune compagnie qui voudra risquer le moindre emprunt.

On répond à cela que le gouvernement aura bien plus de crédit, lorsqu'il sera débarrassé du paiement des arrérages de la dette publique.

Cette objection seroit fondée, si le gouvernement étoit comme le particulier, sujet à la contrainte et à l'exploit d'un huissier, parce qu'alors son crédit dépendroit presque uniquement de sa solvabilité ; mais le crédit d'un gouvernement qu'on ne peut contraindre à payer qu'avec une armée et des canons, comme je l'ai déja dit, dépend principalement de l'opinion qu'on a de sa moralité ; en contractant avec lui, on s'informe moins de ce qu'il *peut* payer, que de ce qu'il *veut* tenir. Or, je demande si une banqueroute des

deux tiers au moins , faite aux créanciers de , l'état don-
neroit au public une bonne opinion de cette moralité
là ? Cette opinion seroit d'autant plus mauvaise , que
les biens nationaux ne sont qu'une ressource acces-
soire et éventuelle , sur laquelle ne pouvoient pas comp-
ter les créanciers , lorsqu'ils ont confié leur fortune à
l'État ; ils ne comptoient alors que sur le produit des
impôts affectés au paiement de la rente. Il seroit vraiment étrange qu'une ressource inattendue de plus , ne
servît qu'à accélérer leur ruine.

Le gouvernement , outre le crédit , a besoin de la
rentrée régulière et facile des impôts ; il seroit cruel et
dangereux à-la-fois , d'être obligé d'employer conti-
nuellement la contrainte et une nuée de garnisers pour
les faire payer.

On croit communément que la faculté de payer les
impôts dépend de leur quotité plus ou moins grande ;
c'est une erreur. Abstraction faite de la nature même
des impôts et de la répartition égale , leur perception
plus ou moins facile dépend 1º. de la vîtesse avec laquelle l'impôt perçu rentre dans les mains qui l'ont
payé (voyez ci-dessus page 12) , 2º. de la richesse et
du crédit des contribuables. Pourquoi la ville de Paris
payoit-elle sous l'ancien régime l'énorme somme de
80 millions d'impôts , faisant le septième environ de
toutes les contributions de la France ?

Ce n'est pas tant parce qu'elle étoit la résidence de
presque tous les grands propriétaires , et le centre des
affaires ; elle possède encore une grande partie de ces
avantages. Mais c'est que la majeure partie des 207
millions de rentes perpétuelles et viagères se payoit
et consommoit à Paris , en sorte que les écus qui sor-
toient par une porte , rentroient par l'autre.

Mais en ruinant les rentiers , l'opération projettée
non-seulement appauvrit directement beaucoup de
contribuables , elle diminue encore indirectement la
richesse de tous , par l'annihilation de tant de millions
de capitaux circulans , qui forment presque toutes les
richesses mobiliaires du moment.

Enfin, un excellent moyen pour forcer l'Angleterre à la paix, ou pour anéantir ses ressources, si elle s'obstine à continuer la guerre, seroit de faire tomber ses fonds publics, en engageant les capitalistes étrangers, parmi lesquels se trouveroient beaucoup d'anglais même, à retirer leurs fonds pour les placer chez nous ; opération qui, comme je l'ai déja dit, auroit un autre avantage inappréciable, celui d'attirer chez nous du numéraire et du crédit dont nous avons tant besoin.

Mais ni l'un ni l'autre de ces avantages précieux et incontestables ne peuvent être obtenus, à moins qu'on ne relève et soutienne le crédit de nos inscriptions, ce que ne fera certainement pas l'opération projetée.

Jusqu'ici je n'ai considéré que les effets seuls de la réduction de la dette publique à un tiers ; je vais maintenant faire voir ceux de la mobilisation des deux autres tiers en bons au porteur, effets qui, selon moi, seront bien plus funestes encore, au point qu'il seroit infiniment plus avantageux pour les rentiers, considérés comme citoyens intéressés à la richesse générale et aux progrès du commerce et de l'industrie, qu'on réduisît tout bonnement leurs arrérages au tiers, sans y ajouter ces maudits bons.

Pour en sentir de suite les inconvéniens, il faut d'abord se rappeller que la totalité des rentes perpétuelles liquidées et non-liquidées va à 225 millions, à quoi ajoutant 30 millions pour les rentes viagères réduites en perpétuelles, nous aurons en tout 255 millions de rentes qui, au denier vingt forment un capital de 5 milliards 100 millions. Mais comme j'ai fait l'évaluation de ce qui n'est pas encore liquidé, d'après des hypothèses vraiment trop fortes, afin de n'être pas arrêté au milieu de la discussion, par des chicanes sur des données prétendues trop foibles, je veux bien, pour en éviter d'autres, réduire le capital de toute la dette publique à quatre milliards 500 millions, ce qui donne pour les deux tiers à mobiliser trois milliards.

(27)

Il faudroit donc émettre pour trois milliards de bons au porteur. Quel effroyable déluge de coupons si on les émet à-la-fois ! En supposant que le moindre soit de 1000 francs, et qu'on en fasse dix dans une feuille, il faudra 625 mille rames de papier.

Pour calculer la valeur de ces effets dans les suppositions les plus favorables, il n'y a qu'à raisonner ainsi :

Les bons de trois quarts qui sont exactement de la même nature, puisqu'ils sont aussi uniquement admissibles en paiement de biens nationaux, et qu'ils ne rapportent également aucun intérêt, valent dans ce moment huit francs ; leur plus haut cours pendant quelques jours n'a jamais passé 25 francs ; j'évaluerai leur cours moyen à 16 francs, ce qui est certainement au-dessus de la réalité. Il n'y en a cependant jamais eu pour 100 millions à-la-fois dans la circulation, parce qu'ils s'absorbent au fur et mesure dans le paiement des biens nationaux vendus d'après la Loi du 16 brumaire. Et comme la valeur du papier en général est, *toutes autres choses égales*, en raison inverse de sa masse, c'est faire une supposition bien favorable en faveur des bons futurs. que de dire par une règle de trois inverse : trois milliards sont à 100 millions comme 16 pour cent à $x = \frac{8}{15}$ ou un peu plus d'un demi pour cent ; ce qui mettroit le bon de 100 francs à environ onze sous, prix auquel n'ont jamais descendu les mandats.

Encore, dis je, que c'est faire une supposition extrêmement favorable ; car lorsque des effets au porteur sont émis en aussi grande abondance, il en est de leur valeur comme de la force d'attraction, qui, à des distances très rapprochées, ne suit plus la raison inverse des quarrés, mais celles des cubes, et probablement celle de puissances encore plus élevées. C'est donc un raisonnement très-faux, que de dire : si 100 millions de papier valent mille écus, 1000 millions ou un milliard doivent valoir 100 écus, puisqu'il est probable que ce dernier n'en vaudra pas dix.

Ces trois milliards de papier cependant, tout en les évaluant à dix sols les cent francs, ne laisseroient pas de former un capital de 15 millions valeur réelle qui , subdivisé en portions achetables par la classe la plus mal-aisée du peuple , avec un cours qui peut varier de cent pour cent dans les 24 heures, démoralisera et transformera une foule d'artisans , d'ouvriers et de journaliers utiles . en banquiers du perron. C est une des principales raisons pour lesquelles , dès le .9 brumaire de l'année dernière , j'écrivis pour qu'on retirât de la circulation les mandats.

Si pour remédier à ces inconvéniens inévitables , **on** ne délivroit les effets au porteur que lentement , et en y employant plusieurs années , alors on retomberoit dans deux autres inconvéniens tout aussi graves. D'abord , il faudroit continuer de payer pendant tout ce tems , l'intérêt à ceux qu'on n'auroit pas remboursés , ce qui seroit contraire au but même de l'opération ; et en second lieu , ce qui est le pis , les premiers remboursés pourroient , dans les premières enchères , enlever ce qu'il y auroit de mieux en biens à vendre , en sorte que les derniers resteroient là avec leurs bons au porteur , exactement comme cela est déjà arrivé pour les assignats.

Le remboursement dans cette supposition , ou bien deviendroit une source de corruption et d'injustices particulières, si les bons étoient délivrés d'après le bon plaisir du chef chargé de cette opération , ou bien une source d'injustices légales en faveur de ceux que le hasard auroit placés à la tête de l'alphabet , ou de la liste des numéros. On n'éviteroit pas même ces injustices en délivrant les bons par parties proportionnelles . opération d'ailleurs impraticable , vu l'immensité de détails qu'elle entraîneroit.

Mais en supposant que par une combinaison quelconque , que je ne puis deviner , n'étant pas sorcier , on parvint à remédier en partie à tous ces inconvéniens , voyons qui profiteroit de l'opération , et à qui les biens nationaux reviendroient en dernière analyse.

Nous avons déjà vu que sur 368 mille parties inscrites , tant en perpétuel qu'en viager , il y en avoit

(29)

336 mille au-dessous de 600 liv. de rentes. Supposons
le terme moyen des inscriptions, l'une dans l'autre de
400 livres, représentant au denier vingt 8000 livres de
capital, ce qui est exagéré, lorsqu'on considère qu'il y
a 81 millions de viager, dont la capital ne doit être
calculé qu'au denier dix.

Or, je demande quel bien national achetera un
rentier avec un bon au porteur de 8000 francs, valant
au plus 40 francs en espèces ? quel bien même achet-
teront dix ou vingt rentiers réunis ? Il faudra donc que
tous vendent forcément leurs bons aux banquiers du
perron, qui, après les avoir ramassés en détail, les
revendront aux marchands de bons en gros, qui en
profiteront en dernière analyse

En attendant, qu'on émette ces bons, ou qu'on dé-
crète seulement leur émission future, ils auront pour
le trésor public l'inconvénient majeur, dans les circonstances actuelles, d'arrêter la vente des biens nationaux, en conformité de la loi dn 16 brumaire, et
de le priver, en conséquence, d'une rentrée considérable en espèces. La plupart des acquéreurs, et sur-tout
des spéculateurs sur les biens nationaux, au lieu d'a-
cheter la moitié payable en numéraire et cédules,
aimeront mieux attendre que la paix leur facilite l'achat
en entier, avec des bons dont on ne pourroit alors
refuser l'admission sans un véritable scandale. Il n'en
faut pas davantage pour arrêter toute vente de biens
nationaux.

Aux raisons qui démontrent d'avance la non-valeur
extrême de ces bons, on peut ajouter le préjugé généralement répandu depuis les assignats et mandats,
contre tous les effets au porteur émis par le gouvernement. On n'en émettroit que dix millions, que rien
ne pourroit ôter au public la persuasion d'une émission double ou triple. C'est cette prévention qui m'a
engagé au mois de nivôse dernier, à révoquer, dès le
lendemain, dans le journal de Paris, ce que je n'a-
vois fait qu'indiquer la veille, sur la possibilité de
convertir les inscriptions en effets au porteur, afin

d'éviter la formalité des transfers. Une foule de rentiers qui avoient lu mon écrit, vinrent pour me faire
voir les suites funestes de cette opération, qui, selon
eux, mettroit les inscriptions aux niveau des assignats.
C'est le respect pour ce même préjugé qui a empêché
le gouvernement anglais de mobiliser les consolidés,
dans un pays cependant où rien n'est plus commun
que des effets au porteur.

Enfin, que deviendroient les cédules du nouveau
code hypothécaire, cédules qui peuvent rendre des
services si essentiels au crédit, au commerce, à l'industrie, et sur-tout à l'agriculture, si elles faisoient leur
entrée dans le monde, à côté de quelques milliards de
bons au porteur ?

Ce motif seul suffiroit pour faire rejetter la mesure.
Finis coronat opus. Je terminerai cet écrit, que je n'ai
eu ni le tems, ni le talent de faire plus court, par le
développement du plus grave inconvénient de tous
ceux qu'entraîneroit l'émission des bons au porteur;
inconvénient auquel peu de gens songent, quoique
d'après les élémens même de l'économie politique, ce
soit une des suites inévitables de l'opération projettée.

Personne ne disconvient que la valeur des terres,
qui sont la base et la source de toute la richesse nationale
d'un pays agricole, ne soit le thermomètre réel de sa
prospérité. La valeur vénale de toutes les terres de
France, évaluées sur le pied de 1790, et en y comprenant les départemens réunis, passe 40 milliards. Arthur
Young la porte même à 60, mais je crois qu'il exagère.

Cette valeur, *toutes autres choses égales* (1), dépend
principalement, 1°. de la quantité des terre à vendre;
2°. de la masse du numéraire ou des capitaux circulans
qui peuvent les payer.

---

(1) On trouve souvent cette expression dans mes écrits; c'est
pour avoir oublié cette condition *siné quâ non*, qu'il y a tant de faux
raisonnemens dans de très-bons livres.

L'immense quantité de biens nationaux vendus successivement depuis la révolution, jointe à la rareté du numéraire et à la diminution des capitaux circulans, suite nécessaire de la baisse des rentes et du défaut de crédit, avoient naguères déprécié les terres au point qu'on avoit de la peine à les vendre au denier dix.

A cette époque les 40 milliards de richesse territoriale étoient donc, par le fait, réduits à vingt. Si l'opération projettée avoit lieu, les deux causes de l'avilissement du prix des terres opéreroient à-la-fois, parce que, d'un côté, la baisse des inscriptions anéantiroit une masse énorme de capitaux circulans, tandis que de l'autre on mettroit un milliard et plus des meilleures terres en vente, ce qui feroit descendre le prix des terres en général bien au-dessous des dix années de revenu, en sorte que les 40 milliards n'en vaudroient peut être plus que 15.

Ce qui, à cet égard, est vrai en masse, est aussi vrai et plus sensible encore en détail. Le même propriétaire de 4000 livres de rente, dont la propriété, il y a dix ans, valoit 100 mille livres, et qui, en conséquence, pouvoit trouver des fonds et du crédit, soit pour faire des avances à sa terre, soit pour entreprendre des travaux d'industrie et créer un établissement utile, ne se trouve plus posséder aujourd'hui qu'une fortune d'environ 72 mille francs au denier dix-huit; il n'en auroit plus que 40 mille, si la valeur des immeubles redescendoit au denier dix, où nous l'avons vue il y a dix-huit mois.

Si l'on faisoit attention à ce fait, qu'un seul denier de diminution sur le prix des terres diminue sur-le-champ de plus d'un milliard et demi le capital de la richesse nationale, et proportionnellement celle de tous les propriétaires fonciers, on hésiteroit long-tems avant d'adopter une mesure qui menaceroit d'un résultat aussi désastreux.

A cela on répond, 1°. que tout en émettant trois milliards de bons, rien ne force de mettre en vente beaucoup de biens nationaux à-la-fois ; 2°. que quand on en mettroit beaucoup en vente , on ne les déprécieroit pas , puisqu'à côté des biens à vendre on émettroit des bons ou des capitaux pour payer ces biens.

Et moi je réponds à mon tour :

1°. Que pour déprécier la valeur des immeubles , il n'est pas précisément nécessaire que les biens à vendre soient mis de suite à l'enchère ; il suffit qu'il se présente la perspective d'une vente prompte et indispensable d'une grande masse à-la-fois. Or , c'est cette perspective que donneront nécessairement les bons au porteur.

2°. Que les bons émis ne deviendroient de véritables capitaux remplaçant le numéraire , qu'autant que les rentiers , à qui on les auroit délivrés , les employeroient eux-mêmes à l'achat des biens à vendre. Mais nous avons vu , que sur cent rentiers il n'y en aura pas deux qui pourront faire cette opération , et que presque tous seront obligés de vendre leurs bons contre des écus. Or , que ce soient les rentiers eux-mêmes qui tirent des écus de leurs poches pour acheter les biens nationaux , ou que ce soient d'autres acquéreurs qui leur donnent ces écus en échange de bons, ceux-ci ne remplaceront pas un seul écu , et le numéraire sera aussi rare , que si les bons n'eussent pas existé.

Enfin , me dira t-on ici , comment se fait-il que St.-Aubin qui , depuis tant de tems prêche la vente des biens nationaux, veuille la ralentir aujourd'hui.

Je réponds : premièrement , que je ne prétends aucunement qu'on arrête la vente des biens nationaux ; je veux seulement qu'elle se fasse avec mesure et sagessse, de manière que la nation ne les prodigue pas , et que sur-tout , ils n'avilissent pas la valeur vénale de tous les immeubles.

En second lieu , les circonstance sont assez changées pour qu'on n'ait plus besoin d'être si pressé. Tant qu'il y avoit à craindre que les biens nationaux ne restassent point à la république, qu'ils ne redevinssent même en partie biens de main-morte, il falloit en presser la vente et multiplier les acquéreurs de biens nationaux. Aujourd'hui qu'on peut mettre la partie la plus scabreuse sous la sauve-garde des défenseurs de la patrie, et que le retour des mains-mortables n'est plus à craindre, on a le tems de respirer et de prendre ses mesures.

Toujours ne faudra-t-il pas perdre de vue le principe, que la nation ne doit pas garder de biens nationaux ; que tous doivent être vendus sans exception aucune, parce qu'entre ses mains ils sont fort mal administrés, parce qu'elle n'en retire ni impôt foncier ni droits d'enregistrement, parce que chaque acquéreur d'un bien national est une espèce d'acquisition pour la république, et enfin parce que le gouvernement et la liberté courent toujours quelques risques, lorsqu'une faction quelconque peut espérer d'avoir à sa disposition une matrice à assignats, si elle triomphoit.

S A I N T - A U B I N.

Le 27 fructidor, l'an cinquième de
la République.